Unia Genosis

ROSEN-KRIEG - Einundzwanzigster Band

Unia Genosis

ROSEN-KRIEG - Einundzwanzigster Band

"war of the roses" / "guerre des roses"

Goldene Rakete Verlag für Belletristik

Imprint

Cover image: www.ingimage.com

Publisher:
Goldene Rakete Verlag für Belletristik
is a trademark of
International Book Market Service Ltd., member of OmniScriptum Publishing Group
17 Meldrum Street, Beau Bassin 71504, Mauritius
Printed at: see last page
ISBN: 978-620-0-51971-9

Inhaltsverzeichnis:

I. **Ausgleichsanspruch:**

1. Schreiben der Kanzlei „Wohlsein“ an die Kindesmutter:[1]

Sehr geehrte Damen und Herren,

das anliegende Dokument übersenden wir

mit der Bitte um Öffnung und Kenntnisnahme.

Mit freundlichen Grüßen

- Sekretariat -

Kanzlei Wohlsein

[1] 24.04.2020

2. Schreiben der Rechtsanwältin an die Kindesmutter:[2]

In Sachen: G. ./. A.

Sehr geehrte Kindesmutter,

anliegend übersenden wir Ihnen den Beschluss des Amtsgerichts vom 23.04.2020 zur Kenntnisnahme.

Mit freundlichen Grüßen

Rechtsanwältin

[2] 24.04.2020

3. Schreiben des Amtsgerichts an die Kanzlei „Wohlsein“:[3]

- Aktenzeichen -

In der Familiensache

G. ./. A.
wg. Unterhalt Kind

Sehr geehrte Damen und Herren Rechtsanwälte,

anbei erhalten Sie eine beglaubigte Abschrift des Beschlusses vom 22.04.2020 und eine Abschrift des Beschlusses vom 22.04.2020.

Hinweis:
Die Akten werden dem für die Entscheidung über die Beschwerde zuständigen OLG vorgelegt.

Mit freundlichen Grüßen
Auf Anordnung

Justizsekretär
Dieses Schreiben wurde elektronisch erstellt und ist ohne Unterschrift gültig.

[3] 23.04.2020

4. <u>Beschluss des Amtsgerichts:</u>[4]

In der Familiensache

G.

- Antragstellerin –

Verfahrensbevollmächtigte: Kanzlei „Wohlsein“

gegen

A.

- Antragsgegner -

Verfahrensbevollmächtigte: Kanzlei „Pfennig“

Weitere Beteiligte:

Kinder

Jugendamt

wegen Kindesunterhalt

hat das Amtsgericht – Familiengericht – durch den Direktor des Amtsgerichts am 22.04.2020 beschlossen:

[4] 22.04.2020

1. Der Beschwerde der Antragstellerin gegen den Beschluss vom 21.01.2020 (Bl. 47 VKH-Heft d. A.) wird nicht abgeholfen.

2. Die Beschwerde ist dem zuständigen Beschwerdegericht zur Entscheidung vorzulegen.

Gründe:

Der Beschwerde wird aus den im angefochtenen Beschluss genannten Gründen nicht abgeholfen. Auf die weiterhin zutreffende Begründung wird Bezug genommen. Auch das Beschwerdevorbringen rechtfertigt keine andere Bewertung. Wenn die Antragstellerin während des laufenden Verfahrens Ausgaben tätigt und sich dadurch bedürftig macht, ist dies mutwillig und nicht von der Allgemeinheit zu tragen.

Direktor des Amtsgerichts

Erlass des Beschlusses (§ 38 Abs. 3 Satz 3 FamFG):
Übergabe an die Geschäftsstelle
am 23.04.2020.

Justizsekretär
als Urkundsbeamter der Geschäftsstelle

5. Schreiben der Kanzlei „Wohlsein" an die Kindesmutter:[5]

Sehr geehrte Damen und Herren,

das anliegende Dokument übersenden wir

mit der Bitte um Öffnung und Kenntnisnahme.

Mit freundlichen Grüßen

- Sekretariat -

Kanzlei Wohlsein

---

[5] 11.05.2020

6. Schreiben der Rechtsanwältin an die Kindesmutter:[6]

In Sachen: G. ./. A.

Sehr geehrte Kindesmutter,

in obiger Angelegenheit übersenden wir Ihnen den Beschluss des OLG vom 04., hier am 06.05.2020 eingegangen, zur Kenntnisnahme.

Mit freundlichen Grüßen

Rechtsanwältin

[6] 08.05.2020

7. Schreiben des Oberlandesgerichts an die Kanzlei „Wohlsein“:[7]

- Aktenzeichen -

In der Familiensache

G. ./. A.
wg. Beschwerde Verfahrenskostenhilfe

Sehr geehrte Damen und Herren Rechtsanwälte,

anbei erhalten Sie eine beglaubigte Abschrift des Beschlusses vom 04.05.2020 und eine Abschrift des Beschlusses vom 04.05.2020.

Mit freundlichen Grüßen
Auf Anordnung

Justizbeschäftigte
Dieses Schreiben wurde elektronisch erstellt und ist ohne Unterschrift gültig.

[7] 06.05.2020

8. Beschluss des Oberlandesgerichts:[8]

In der Familiensache

G.

- Antragstellerin und Beschwerdeführerin –

Verfahrensbevollmächtigte: Kanzlei „Wohlsein“

gegen

A.

- Antragsgegner -

Verfahrensbevollmächtigte: Kanzlei „Pfennig“

Weitere Beteiligte:

Kinder

Jugendamt

wegen Beschwerde Verfahrenskostenhilfe

[8] 22.04.2020

hat der 7. Zivilsenat – 4. Senat für Familiensachen – des Oberlandesgerichts durch die Richterin am Oberlandesgericht als Einzelrichterin am 04.05.2020 beschlossen:

1. Der sofortige Beschwerde der Antragstellerin gegen den Beschluss des Amtsgerichts – Familiengericht - vom 21.01.2020 wird zurückgewiesen.

2. Kosten des Beschwerdeverfahrens werden nicht erstattet (§ 127 Abs. 4 ZPO).

Gründe:

Die sofortige Beschwerde gegen den den Verfahrenskostenhilfeantrag ablehnenden Beschluss ist zulässig, da sie als statthaftes Rechtsmittel fristgerecht eingelegt wurde, §§ 127 Abs. 2 ZPO, 76 Abs. 2 FamFG.

In der Sache bleibt sie erfolglos.

In zutreffender Weise hat das Amtsgericht den Antrag unter Verweis auf die fehlende Bedürftigkeit (§ 114 Abs. 1 ZPO9 abgelehnt und die Abtragstellerin auf den Einsatz von Vermögen verwiesen (§ 115 Abs. 3 ZPO). Die Antragstellerin hatte zur Zeit der Antragstellung gemäß der Erklärung über die persönlichen und wirtschaftlichen Verhältnisse vom 09.12.2019 ein Kontoguthaben von gesamt Euro, mithin ein Sparvermögen von rund Euro. Davon konnten nach Abzug des sog. Schonvermögens von Euro für sich sowie von weiteren Euro für fünf unterhaltsberechtigte Kinder (§ 90 Abs. 2 Nr 9 SGB XII) Euro zumutbarerweise zur Prozeßführung eingesetzt werden. Dass die Antragstellerin das Geld nach eigenen Angaben zum Zwecke der Moderenisierung einer Scheune gespart und letztlich ab Januar 2020 entsprechend verwendet hat, ist dabei unerheblich. Denn nicht zu berücksichtigen sind Belastungen, die in Kenntnis eines bevorstehenden Prozesses eingegangen werden und keine lebenswichtigen Anschaffungen betreffen. Mit recht verweist das Amtsgericht darauf, dass vorliegend die Prozeßführung nicht von der Allgemeinheit zu tragen ist.

Richterin am Oberlandesgericht

Erlass des Beschlusses (§ 38 Abs. 3 Satz 3 FamFG):
Übergabe an die Geschäftsstelle
am 26.05.2020.

Justizbeschäftigte
als Urkundsbeamter der Geschäftsstelle

Beglaubigt

(Dienstsiegel)

Justizbeschäftigte
als Urkundsbeamter der Geschäftsstelle

9. <u>Schreiben der Rechtsanwältin an die Kindesmutter:</u>[9]

G. ./. A.

Unterhaltsrückstandsforderung Gegenseite für 2016 und 2017

Sehr geehrte Kindesmutter,

nachdem die Angelegenheit erledigt ist, erlaube ich mir als Anlage meine Kostenrechnung zu übersenden.

Mit freundlichem Gruß

Rechtsanwältin

[9] 14.05.2020

10. Kostenrechnung der Kanzlei „Wohlsein“ an die Kindesmutter:[10]

Kostenrechnung

In Sachen G. ./. A.

Unterhaltsrückstandsforderung Gegenseite für 2016 und 2017

Für anwaltliche Tätigkeit in der Zeit vom 26.03.2019 bis heute

Abrechnung nach RVG gemäß § 13

Bezeichnung	
1,3 Geschäftsgebühr Nr. 2300 VV	**Wert**
Auslagenpauschale Nr. 7002 VV	
Zwischensumme netto	
Umsatzsteuer 19 % Nr. 7008 VV	
Zu zahlender Betrag	
Abzüglich Zahlung vom 12.04.2019	
Zu zahlender Betrag	**Gebühr**

Zahlung wird unter Angabe unseres Zeichens erbeten

(Rechtsanwältin)

[10] 14.05.2020

11. Schreiben der Kindesmutter an die Rechtsanwältin:[11]

Kostenrechnung vom 14.05.2020

Sehr geehrte Frau Rechtsanwältin,

Ihre Kostenrechnung (s.o.) wurde mir heute postalisch zugestellt. Den genannten Betrag habe ich soeben auf angegebenes Konto überwiesen (siehe Zahlungsbeleg).

Vermutlich dürfte die Betitelung "*Unterhaltsrückstandsforderung Gegenseite für 2016 und 2017*" unzutreffend sein. Erledigt wäre folgende Angelegenheit unter angegebenem Zeichen: "**Überprüfungsverfahren**" in Bezug auf die Verfahrenskostenhilfe 2016.

Ebenfalls erledigt hat sich die „*Antragstellung auf Verfahrenskostenhilfe 2019*". Die Klärung der Angelegenheit "Unterhaltsrückstandsforderung für 2016 und 2017" hingegen steht noch aus.

Mit freundlichen Grüßen

Kindesmutter

[11] 16.05.2020

12. Rechnung des Oberlandesgerichts an die Kindesmutter:[12]

KOSTENRECHNUNG

Kassenzeichen

Bitte bei allen Zahlungen und Schreiben angeben

Sehr geehrte Dame, sehr geehrter Herr,

nach der Kostenberechnung in der Sache OBERLANDESGERICHT
Beschwerdesache
Aktenzeichen

Bitten wir Sie, die **rückseitig** berechneten und näher bezeichneten Gerichtskosten in Höhe von

60,00 EUR

binnen **zwei Wochen** ab Zugang dieser Rechnung zu bezahlen. Bitte geben Sie bei Ihrer Überweisung als Verwendungszweck unbedingt das Kassenzeichen vollständig an. Ist eine Überweisung nicht möglich, kann unter Vorlage der Rechnung bei jedem Amtsgericht des Landes bar

[12] 04.06.2020

gezahlt werden. Der Überbringer der Rechnung ist nicht zum Geldempfang berechtigt.

Bitte beachten Sie: Fragen zum **Inhalt** der Rechnung, richten Sie bitte ausschließlich an folgende **Stelle**:

Oberlandesgericht
Anschrift
Telefon

Als Rechtsbehelf gegen diesen Kostenansatz ist die unbefristete **Erinnerung** statthaft. Sie ist bei der vorgenannten **Stelle** schriftlich oder bei jedem Amtsgericht zu Protokoll der Geschäftsstelle einzulegen. Die Einlegung der Erinnerung entbindet nicht von der Pflicht zur vorläufigen Zahlung.

Bequem zahlen mit BankingApp und Fotoüberweisung oder mit dem Girocode

Empfänger:
IBAN:
BIC:
Betrag:
Verwendungszweck:

Bitte bei allen Zahlungen und Schreiben unbedingt den Verwendungszweck (Kassenzeichen) angeben. Vielen Dank! Dieses Schreiben ist automationsunterstützt erstellt und ohne Unterschrift gültig.

Schlüssel	1912
Gegenstand des Kostenansatzes	Beschwerdeverfahren
Betrag EUR	60,00
Bitte zahlen Sie EUR	60,00

13. Schreiben der Kanzlei „Wohlsein“ an die Kindesmutter:[13]

Sehr geehrte Damen und Herren,

das anliegende Dokument übersenden wir

mit der Bitte um Öffnung und Kenntnisnahme.

Mit freundlichen Grüßen

- Sekretariat -

Kanzlei Wohlsein

---

[13] 16.06.2020

14. Schreiben der Rechtsanwältin an die Kindesmutter:[14]

G. ./. A.

Sehr geehrte Kindesmutter,

in obiger Angelegenheit überreichen wir das Schreiben des Amtsgerichts vom 15.06.2020 mit der Bitte um Kenntnisnahme und Stellungnahme.

Das Gericht hat uns hier eine Frist von zwei Wochen, d.h. bis zum 30.06.2020 eingeräumt.

Mit freundlichem Gruß

Rechtsanwältin

[14] 16.06.2020

15. Schreiben des Amtsgerichts an die Kanzlei „Wohlsein“:[15]

- Aktenzeichen -

In Sachen
G. ./. A.
wg. Unterhalt Kind

Sehr geehrte Damen und Herren Rechtsanwälte,

in obiger Sache wird höflichst um Mitteilung gebeten, ob weitere Sachvorträge beabsichtigt sind.
Frist: 2 Wochen

Mit freundlichen Grüßen
Auf Anordnung

Justizsekretär
Dieses Schreiben wurde elektronisch erstellt und ist ohne Unterschrift gültig.

[15] 15.06.2020

16. Schreiben der Kindesmutter an die Rechtsanwältin:[16]

Sehr geehrte Frau Rechtsanwältin,

das Schreiben des Amtsgerichts habe ich zur Kenntnis genommen.

Anbei meine Stellungnahme:
Wenn Sie weitere Sachvorträge für notwendig erachten, bitte ich Sie darum, diese sach- und fachgemäß zu ergänzen.

Mit freundlichen Grüßen

Kindesmutter

[16] 16.06.2020

17. Schreiben der Kanzlei „Wohlsein“ an die Kindesmutter:[17]

Aktenzeichen

Sehr geehrte Damen und Herren,

anliegendes Dokument übermitteln wir Ihnen

mit der Bitte um Öffnung und Kenntnisnahme.

Mit freundlichen Grüßen

- Sekretariat -

Kanzlei Wohlsein

---

[17] 29.06.2020

18. Schreiben der Rechtsanwältin an die Kindesmutter:[18]

G. ./. A.

Sehr geehrte Kindesmutter,

in obiger Angelegenheit überreichen wir unseren Schriftsatz vom heutigen Tage mit der Bitte um Kenntnisnahme und Komplettierung Ihrer Unterlagen.

Mit freundlichem Gruß

Rechtsanwältin

[18] 29.06.2020

19. Schreiben der Kanzlei „Wohlsein“ an das Amtsgericht:[19]

vorab (1x) per Telefax

In Sachen

G.

- Kanzlei „Wohlsein“ -

./.

A.

- Aktenzeichen -

Schriftsatzfrist: 30.06.2020

wird für die Antragstellerin mitgeteilt, dass über die Ausführungen in unseren Schriftsätzen vom 21.04. und 06.03. im Nachgang zu der Antragsschrift vom 17.12.2019 bis dato keine weiteren Sachvorträge beabsichtigt sind.

Sollte das Gericht zu einzelnen Punkten gleichwohl weiteren Sachvortrag für erforderlich halten, wird höflich um einen entsprechenden Hinweis gem. § 139 ZPO gebeten.

Die Rechtsanwälte

Kanzlei „Wohlsein“

durch:

Rechtsanwältin

[19] 29.06.2020

20. <u>Schreiben der Kanzlei „Wohlsein“ an die Kindesmutter:</u>[20]

Aktenzeichen

Sehr geehrte Damen und Herren,

anliegendes Dokument übermitteln wir Ihnen

mit der Bitte um Öffnung und Kenntnisnahme.

Mit freundlichen Grüßen

- Sekretariat -

Kanzlei Wohlsein

[20] 27.08.2020

21. Schreiben der Rechtsanwältin an die Kindesmutter:[21]

G. ./. A.

- Aktenzeichen -

Sehr geehrte Kindesmutter,

in obiger Angelegenheit übersende ich beigefügt das Schreiben des Amtsgerichts vom 19.08.2020 nebst gegnerischem Schriftsatz vom 14.08.2020 mit der Bitte um Stellungnahme. Die uns gesetzte Schriftsatzfrist endet am **11.09.2020**.

Mit freundlichem Gruß

Rechtsanwältin

[21] 27.08.2020

22. <u>Schreiben des Amtsgerichts an die Kanzlei „Wohlsein“:</u>[22]

- Aktenzeichen -

In Sachen
G. ./. A.
wg. Unterhalt Kind

Sehr geehrte Damen und Herren Rechtsanwälte,

richterlicher Anordnung gemäß erhalten Sie die anliegenden Unterlagen zur Kenntnis- und Stellungnahme binnen 3 Wochen.

Mit freundlichen Grüßen
Auf Anordnung

Justizsekretär
Dieses Schreiben wurde elektronisch erstellt und ist ohne Unterschrift gültig.

[22] 19.08.2020

23. Schreiben der Kanzlei „Pfennig“ an das Amtsgericht:[23]

In Sachen
G. ./. A.
wg. Unterhalt Kind
- Aktenzeichen -

Bedanke ich mich zunächst für die gewährten Fristverlängerungen.

Namens und im Auftrag des Antragsgegners nehme ich zum letzten Schriftsatz der Antragstellerin vom 21.04.2020 wie folgt Stellung:

Es bleibt bei dem bisherigen Sachvortrag des Antragsgegners nebst Beweisanerbieten.

Die Rechtsauffassung der Antragstellerseite wird nicht geteilt.

Der familienrechtliche Ausgleichsanspruch ist kein Unterhalts-, sondern ein Erstattungsanspruch.

Es geht bei einem familienrechtlichen Ausgleichsanspruch nicht darum, wie viel der Ausgleichspflichtige aufgrund eines gegen ihn gerichteten Unterhaltstitels hätte zahlen müssen, sondern **wieviel der Ausgleichsberechtigte für das Kind über die ihm selbst obliegende Naturalunterhaltsverpflichtung aufgewandt hat, bzw. nach eigenen Einkommen überhaupt in der Lage war für das Kind aufzuwenden,**

[23] 14.08.2020

begrenzt auf maximal den Betrag, den der Ausgleichspflichtige zu zahlen verpflichtet gewesen wäre.

Die Antragstellerin versucht – nachdem sie zunächst aus einem alten Unterhaltstitel versucht hat gegen den Antragsgegner zu vollstrecken – letztlich – wie aus der Begründung immer wieder zu lesen ist – mit der Klage vermeintlich rückständige Unterhaltsansprüche geltend zu machen, für die sie aber, selbst wenn sie vorliegen würden – nicht aktivlegitimiert ist.

Die Anträge sind abweisungsreif.

Es wird mit Nichtwissen bestritten, dass die Antragstellerin Baraufwendungen in Höhe von 355,00 Euro monatlich für ihre älteste Tochter hatten, in der Zeit, in der diese bei ihr gewohnt hat.

Die Einkommensverhältnisse der Antragstellerinfür die Zeit in der sie einen familienrechtlichen Ausgleich begehrt, wurden nicht dargelegt, was für die Schlüssigkeit des Antrags jedoch erforderlich ist.

Auch das erhaltene Kindergeld ist dabei zu berücksichtigen und von einem etwaigen Ausgleichsanspruch anteilig in Abzug zu bringen.

Die Antragstellerin war in der Zeit, in der sie Unterhalt für ihre älteste Tochter zahlen musste, nachdem diese zum Kindesvater gezogen ist, mithin in dem Jahr in dem sie nach ihrer eidesstattlichen Versicherung vom 17.04.2020 in der Zeit von Januar 2016 bis August 2016 (teilweise anteilig) Barausgaben in Höhe von 24.692,24 € für ihre älteste Tochter erbracht haben will – was mit Nichtwissen bestritten wird -, nicht einmal in der Lage den Mindestunterhalt an den Antragsgegner für die älteste Tochter zu zahlen. Es musste aufgrund der weiteren Unterhaltsverpflichtungen der Antragstellerin eine Mangelfallberechnung vorgenommen werden.

Beweis: Beiziehung der Akte der Unterhaltsvorschusskasse, NN.

Es wird mit Nichtwissen bestritten, dass die Antragstellerin, die in der eidesstattlichen Versicherung vom 17.04.2020 aufgelisteten Barausgaben zum einen überhaupt geleistet hat, insbesondere aber, dass diese für die älteste Tochter erbracht wurden.

Bei den meisten der aufgeführten Ausgaben handelt es sich um Kosten des Wohnens und Essens. Diese waren im Rahmen des Naturalunterhaltes so oder so von der Antragstellerin zu tragen.

Die älteste Tochter hat auch bereits ab dem 16.06.2016 beim Antragsgegner gewohnt.

Beweis: Zeugnis der ältesten Tochter

Der Nettoverdinest der Antragstellerin war im Jahre 2016 in der Zeit von Januar 2016 bis August 2016 nach eigenen Angaben der Antragstellerin gegenüber der Unterhaltsvorschusskasse nicht einmal so hoch wie das, was sie vermeintlich für ihre älteste Tochter – wenn auch nur anteilig – ausgegeben haben will.

Der Umstand, dass die älteste Tochter die Antragstellerin bei etwaigen Einkäufen begleitet hat, heißt auch nicht, dass die Ausgaben für diesen Einkauf als Ausgaben für die älteste Tochter deklarierbar sind.

Sämtliche in der eidesstattlichen Versicherung vom 17.04.2020 für den Zeitraum von Januar 2016 bis August 2016 aufgeführten Ausgaben der Antragstellerin werden rein vorsorglich dem Grunde und der Höhe nach mit Nichtwissen bestritten.

Exemplarisch sei darauf hingewiesen, dass die Krankenversicherungskosten für die älteste Tochter sich nicht auf monatlich 440,75 € beliefen. Auch hat die Antragstellerin die Ausgaben für sämtliche Arzt- und Medikamentenrechnungen betreffend für ihre älteste Tochter von der Krankenkasse erstattet bekommen, so dass solche Ausgaben auch keine erstattungsfähigen Ausgaben für die älteste Tochter waren. Auch die ausgewiesenen Rechtsanwaltskosten und Gerichtskosten sind keine Ausgaben für die älteste Tochter gewesen. Eben so wenig die Ausgaben auf dem Mastercard Abrechnungen, die Telefonrechnungen, die Kosten für Strom, Gas, Müll, Schornsteinfeger und Wasser, Steuern, Tanken, usw.

Wie aus der eidesstattlichen Versicherung der Antragstellerin vom 17.04.2020 hinsichtlich der angeblichen Zahlungen der Antragstellerin für die Klassenfahrt zu entnehmen ist, wären – unterstellt diese Zahlungen wären tatsächlich geleistet worden – im streitgegenständlichen Zeitraum lediglich 171,00 € gezahlt worden.
Die anderen Zahlungen waren außerhalb des streitgegenständlichen Zeitraums.

Mit freundlichen Grüßen

Rechtsanwältin

24. Schreiben der Kindesmutter an die Rechtsanwältin:[24]

Sehr geehrte Frau Rechtsanwältin,

die Schriftsätze habe ich zur Kenntnis genommen.

Es ist schon erstaunlich, mit wie viel „Nichtwissen“ die gegnerische Anwältin die am 17.04.2020 dargelegten Barausgaben in Höhe von 24.692,24 € auf 171,00 € zu reduzieren sich anschickt.

Auf die Begründungen der insgesamt viermonatigen (von April bis August 2020) „gewährten Fristverlängerungen“ (im Plural!) wäre ich doch einmal sehr gespannt.

Bitte lassen Sie mir zeitnah den Entwurf Ihrer Stellungnahme zukommen.

Mit freundlichen Grüßen

Kindesmutter

[24] 27.08.2020

25. Schreiben der Kindesmutter an die Rechtsanwältin:[25]

Sehr geehrte Frau Rechtsanwältin,

ergänzend ist anzumerken, dass meine älteste Tochter seit dem 1. September 2020 - gemeinsam mit einem Freund - eine eigene Wohnung in ihrer neuen Studienheimat hat.

Somit lebt sie nicht mehr bei ihrem Vater. Dies dürfte die rechtliche Situation nun dementsprechend auch in Bezug auf vorliegenden Sachverhalt entsprechend abändern.

Mit freundlichen Grüßen

Kindesmutter

P.S.: Die knapp 4-monatige Abwesenheit der gegnerischen Anwältin dürfte sich evtl. durch Mutterschutz begründen lassen.

[25] 30.08.2020

26. <u>Schreiben der Kanzlei „Wohlsein“ an die Kindesmutter:</u>[26]

Sehr geehrte Damen und Herren,

anliegendes Dokument übersenden wir Ihnen

mit der Bitte um Öffnung und Kenntnisnahme.

Mit freundlichen Grüßen

i.A.

- Sekretariat -

Kanzlei Wohlsein

[26] 11.09.2020

27. Schreiben der Rechtsanwältin an die Kindesmutter:[27]

In Sachen: G. ./. A.

Sehr geehrte Kindesmutter,

in vorstehender Angelegenheit überreichen wir Ihnen eine Durchschrift unseres heutigen Schriftsatzes an das Amtsgericht mit der Bitte um Kenntnisnahme.

Mit freundlichen Grüßen

Rechtsanwältin

[27] 11.09.2020

28. Schreiben der Kanzlei „Wohlsein“ an das Amtsgericht:[28]

Per Telefax:

Heute Frist: Bitte sofort vorlegen!!

G.

- Kanzlei „Wohlsein“ -

./.

A.

- Aktenzeichen -

wird zu dem Schriftsatz der Antragsgegnerseite vom 14.08. wie folgt Stellung genommen:

Es ist richtig, dass der familienrechtliche Ausgleichsanspruch ein Erstattungsanspruch ist. Es geht hierbei um rückständige Unterhaltsleistungen, die von der Antragstellerin in überobligatorischer

[28] 11.09.2020

Weise für den Antragsgegner übernommen wurden und für die eine Rückforderungsabsicht von vornherein bestanden hat.

Die Rückstände sind entstanden – auch, dass der Antragsgegner nicht geleistet hat, ist unstreitig. Der Obhutwechsel fand zeitlich nach dem streitgegenständlichen Zeitraum statt.

Auf die bisherigen Ausführungen wird verwiesen. Der Antrag ist zulässig und begründet.

Die Rechtsanwälte der
„Kanzlei Wohlsein"
durch:

(Rechtsanwältin)

29. Schreiben der Kindesmutter an die Rechtsanwältin:[29]

Sehr geehrte Frau Rechtsanwältin,

vielen Dank für die Übersendung des Dokumentes.

Überreichten Schriftsatz habe ich zur Kenntnis genommen.

Mit freundlichen Grüßen

Kindesmutter

[29] 11.09.2020

30. Schreiben der Kanzlei „Wohlsein“ an die Kindesmutter:[30]

Sehr geehrte Damen und Herren,

anliegendes Dokument übermitteln wir Ihnen

mit der Bitte um Öffnung und Kenntnisnahme.

Mit freundlichen Grüßen

i.A.

- Sekretariat -

Kanzlei Wohlsein

[30] 07.10.2020

31. Schreiben der Rechtsanwältin an die Kindesmutter:[31]

G. ./. A.

Sehr geehrte Kindesmutter,

in obiger Angelegenheit überreichen wir die Verfügung des Amtsgerichts vom 02.10.2020 mit der Bitte um Kenntnisnahme und Komplettierung Ihrer Unterlagen.

Wie Sie der Verfügung entnehmen können, hat das Amtsgericht Termin bestimmt auf

Dienstag, den 10.11.2020, 12.00 Uhr, Sitzungssaal 212, 1. OG.

Ihr persönliches Erscheinen ist vom Gericht angeordnet worden.

Mit freundlichem Gruß

Rechtsanwältin

---

[31] 07.10.2020

32. Verfügung des Amtsgerichts:[32]

Amtsgericht

Aktenzeichen

Verfügung

In der Familiensache

G. ./. A. wg. Unterhalt Kind

I.

1. **Terminsbestimmung**

Haupttermin wird bestimmt auf:

Wochentag und Datum
Dienstag, 10.11.2020

Uhrzeit
12:00 Uhr

Zimmer / Etage / Gebäude
Sitzungssaal, 1. OG, Straße

[32] 02.10.2020

2. Ladung

Folgende Verfahrensbeteiligte bzw. deren Verfahrensbevollmächtigte werden hiermit zu diesem Termin geladen:

- Antragstellerin (förmlich)

- Verfahrensbevollmächtigte Kanzlei „Wohlsein“ (förmlich)

- Antragsgegner (förmlich)

- Verfahrensbevollmächtigte Kanzlei „Pfennig“ (förmlich)

3. Anordnung des persönlichen Erscheinens

Das persönliche Erscheinen folgender Verfahrensbeteiligter wird zur Durchführung der Güteverhandlung und Aufklärung des Sachverhalts angeordnet:

- Antragstellerin (förmlich)
- Antragsgegner (förmlich)

Hinweise

Die Anordnung des persönlichen Erscheinens d. Beteiligten für die Güteverhandlung und zur Aufklärung des Sachverhalts beruht auf §§ 113 FamFG, 141 Abs. 1 Satz 1, 273 Abs. 2 Nr. 3, 278 Abs. 3 ZPO. Bleibt ein ordnungsgemäß geladener Beteiligter, dessen persönliches Erscheinen zum Termin angeordnet wurde, ohne rechtzeitige und genügende Entschuldigung im Termin aus und entsendet der Beteiligte zur Verhandlung keinen mit schriftlicher Vollmacht versehenen Verfahrensvertreter, der zur Aufklärung des Tatbestandes in der Lage und zur Abgabe der gebotenen Erklärungen, insbesondere zu einem Vergleichsabschluss, ermächtigt ist, kann gegen ihn ein Ordnungsgeld in Höhe von bis zu 1.000,00 € festgesetzt werden (§§ 113 FamFG, 141 Abs. 3 ZPO i.V.m. Art. 6 Abs. 1 EGStGB).

Die Festsetzung des Ordnungsgeldes kann wiederholt werden. Im Falle des wiederholten, unentschuldigten Ausbleibens kann die Vorführung des Beteiligten angeordnet werden. Außerdem kann dem Beteiligten, wenn durch sein Verschulden die Vertagung der mündlichen Verhandlung oder die Anberaumung eines neuen Termins zur mündlichen Verhandlung nötig wird, eine Verzögerungsgebühr auferlegt werden (§ 32 FamGKG). Erscheint ein Beteiligter in der der mündlichen Verhandlung vorausgehenden Güteverhandlung nicht, wird das Gericht regelmäßig sofort in die mündliche Verhandlung eintreten (§§ 113 FamFG, 279 Abs. 1 ZPO). Erscheinen beide Beteiligtenseiten in der Güteverhandlung nicht, ist das Ruhen des Verfahrens anzuordnen (§§ 113 FamFG, 278 Abs. 4 ZPO).

Sollte ein Beteiligter den in dieser Ladung angegebenen Aufenthaltsort inzwischen verlassen haben oder vor dem Termin verlassen bzw. isst wegen großer Entfernung oder aus sonstigem wichtigem Grund die persönliche Wahrnehmung des Termins nicht zuzumuten (§ 141 Abs. 1 Satz 2 ZPO), wird dieser unter Angabe des Aktenzeichens und des Terminstages um sofortige Bekanntgabe der neuen Anschrift gebeten, damit das Gericht entscheiden kann, ob der Beteiligte trotzdem persönlich erscheinen muss. Wird diese Mitteilung unterlassen, ist nicht damit zu rechnen, dass Mehrkosten einer Anreise erstattet werden. Ergeht bei erfolgter Mitteilung keine anderslautende Mitteilung, so verbleibt es bei der Ladung zum Termin und der Anordnung des persönlichen Erscheinens.

gez.

Direktor des Amtsgerichts

Beglaubigt:

(Dienstsiegel)

Justizsekretär
als Urkundsbeamter der Geschäftsstelle

33. Schreiben der Kindesmutter an die Rechtsanwältin:[33]

Guten Morgen Frau Rechtsanwältin,

Ihr Schreiben und die Verfügung des Amtsgerichts habe ich zur Kenntnis genommen. Den Termin habe ich notiert und beabsichtige persönlich zu erscheinen.

Mit freundlichen Grüßen

Kindesmutter

[33] 08.10.2020

34. Schreiben des Gerichts an die Kindesmutter:[34]

Aktenzeichen

In der Familiensache

G. ./. A.

Wg. Unterhalt Kind

Sehr geehrte Kindesmutter,

in obigen Verfahren wurde der Haupttermin bestimmt auf:

Wie Sie der Verfügung entnehmen können, hat das Amtsgericht Termin bestimmt auf:

Wochentag und Datum
Dienstag, 10.11.2020

Uhrzeit
12:00 Uhr

Zimmer / Etage / Gebäude
Sitzungssaal, 1. OG, Straße

[34] 06.10.2020

Zu diesem Termin werden Sie hiermit geladen.

Ihr persönliches Erscheinen zum Termin ist angeordnet.

Auf die beigefügte Abschrift der **Terminsverfügung wird hingewiesen**. Es wird gebeten, von dieser Kenntnis zu nehmen. **Zur Vermeidung von Nachteilen beachten Sie dort insbesondere die Sie betreffenden Anordnungen, Belehrungen und Hinweise.**

Geben Sie bitte bei allen Schreiben das oben angegebene Geschäftszeichen an und fügen Sie bitte den Schriftsätzen und Anlagen immer die erforderliche Anzahl von Abschriften / Ablichtungen für die/den anderen Beteiligten und deren Verfahrensbevollmächtigte(n) bei.

Falls Sie mittellos und daher nicht in der Lage sind, die Kosten für die Reise zum Ort der Verhandlung und für die Rückreise zu bestreiten, können Ihnen auf Antrag bei dem vorstehend bezeichneten Gericht die notwendigen Reisekosten als Vorschuss gewährt werden. Die Reisekosten gehören zu den Kosten des Verfahrens und sind nach dessen Abschluss von demjenigen zu erstatten, der die Kosten des Verfahrens zu tragen hat.

Mit freundlichen Grüßen
Auf Anordnung

Justizsekretär
Dieses Schreiben wurde elektronisch erstellt und ist ohne Unterschrift gültig.

35. Verfügung des Amtsgerichts:[35]

Amtsgericht

Aktenzeichen

Verfügung

In der Familiensache

G. ./. A. wg. Unterhalt Kind

II.

1. **Terminsbestimmung**

   Haupttermin wird bestimmt auf:

   Wochentag und Datum
   Dienstag, 10.11.2020

   Uhrzeit
   12:00 Uhr

   Zimmer / Etage / Gebäude
   Sitzungssaal, 1. OG, Straße

[35] 02.10.2020

2. **Ladung**

Folgende Verfahrensbeteiligte bzw. deren Verfahrensbevollmächtigte werden hiermit zu diesem Termin geladen:

- Antragstellerin (förmlich)
- Verfahrensbevollmächtigte Kanzlei „Wohlsein“ (förmlich)
- Antragsgegner (förmlich)
- Verfahrensbevollmächtigte Kanzlei „Pfennig“ (förmlich)

3. **Anordnung des persönlichen Erscheinens**

Das persönliche Erscheinen folgender Verfahrensbeteiligter wird zur Durchführung der Güteverhandlung und Aufklärung des Sachverhalts angeordnet:

- Antragstellerin (förmlich)
- Antragsgegner (förmlich)

Hinweise

Die Anordnung des persönlichen Erscheinens d. Beteiligten für die Güteverhandlung und zur Aufklärung des Sachverhalts beruht auf §§ 113 FamFG, 141 Abs. 1 Satz 1, 273 Abs. 2 Nr. 3, 278 Abs. 3 ZPO. Bleibt ein ordnungsgemäß geladener Beteiligter, dessen persönliches Erscheinen zum Termin angeordnet wurde, ohne rechtzeitige und genügende Entschuldigung im Termin aus und entsendet der Beteiligte zur Verhandlung keinen mit schriftlicher Vollmacht versehenen Verfahrensvertreter, der zur Aufklärung des Tatbestandes in der Lage und zur Abgabe der gebotenen Erklärungen, insbesondere zu einem Vergleichsabschluss, ermächtigt ist, kann gegen ihn ein Ordnungsgeld in Höhe von bis zu 1.000,00 € festgesetzt werden (§§ 113 FamFG, 141 Abs. 3 ZPO i.V.m. Art. 6 Abs. 1 EGStGB).

Die Festsetzung des Ordnungsgeldes kann wiederholt werden. Im Falle des wiederholten, unentschuldigten Ausbleibens kann die Vorführung des Beteiligten angeordnet werden. Außerdem kann dem Beteiligten, wenn durch sein Verschulden die Vertagung der mündlichen Verhandlung oder die Anberaumung eines neuen Termins zur mündlichen Verhandlung nötig wird, eine Verzögerungsgebühr auferlegt werden (§ 32 FamGKG). Erscheint ein Beteiligter in der der mündlichen Verhandlung vorausgehenden Güteverhandlung nicht, wird das Gericht regelmäßig sofort in die mündliche Verhandlung eintreten (§§ 113 FamFG, 279 Abs. 1 ZPO). Erscheinen beide Beteiligtenseiten in der Güteverhandlung nicht, ist das Ruhen des Verfahrens anzuordnen (§§ 113 FamFG, 278 Abs. 4 ZPO).

Sollte ein Beteiligter den in dieser Ladung angegebenen Aufenthaltsort inzwischen verlassen haben oder vor dem Termin verlassen bzw. isst wegen großer Entfernung oder aus sonstigem wichtigem Grund die persönliche Wahrnehmung des Termins nicht zuzumuten (§ 141 Abs. 1 Satz 2 ZPO), wird dieser unter Angabe des Aktenzeichens und des Terminstages um sofortige Bekanntgabe der neuen Anschrift gebeten, damit das Gericht entscheiden kann, ob der Beteiligte trotzdem persönlich erscheinen muss. Wird diese Mitteilung unterlassen, ist nicht damit zu rechnen, dass Mehrkosten einer Anreise erstattet werden. Ergeht bei erfolgter Mitteilung keine anderslautende Mitteilung, so verbleibt es bei der Ladung zum Termin und der Anordnung des persönlichen Erscheinens.

gez.

Direktor des Amtsgerichts

Beglaubigt:

(Dienstsiegel)

Justizsekretär
als Urkundsbeamter der Geschäftsstelle

II. Überprüfungsverfahren:

1. Schreiben der Rechtsanwältin an die Kindesmutter:[36]

G. ./. A.

Unterhaltsrückstandsforderung Gegenseite für 2016 und 2017

Sehr geehrte Kindesmutter,

nachdem die Angelegenheit erledigt ist, erlaube ich mir als Anlage meine Kostenrechnung zu übersenden.

Mit freundlichem Gruß

Rechtsanwältin

[36] 14.05.2020

2. Kostenrechnung der Kanzlei „Wohlsein“ an die Kindesmutter:[37]

Kostenrechnung

In Sachen G. ./. A.

Unterhaltsrückstandsforderung Gegenseite für 2016 und 2017

Für anwaltliche Tätigkeit in der Zeit vom 26.03.2019 bis heute

Abrechnung nach RVG gemäß § 13

Bezeichnung	
1,3 Geschäftsgebühr Nr. 2300 VV	**Wert**
Auslagenpauschale Nr. 7002 VV	
Zwischensumme netto	
Umsatzsteuer 19 % Nr. 7008 VV	
Zu zahlender Betrag	
Abzüglich Zahlung vom 12.04.2019	
Zu zahlender Betrag	**Gebühr**

Zahlung wird unter Angabe unseres Zeichens erbeten

(Rechtsanwältin)

[37] 14.05.2020

3. Schreiben der Kindesmutter an die Rechtsanwältin:[38]

Kostenrechnung vom 14.05.2020

Sehr geehrte Frau Rechtsanwältin,

Ihre Kostenrechnung (s.o.) wurde mir heute postalisch zugestellt. Den genannten Betrag habe ich soeben auf angegebenes Konto überwiesen (siehe Zahlungsbeleg).

Vermutlich dürfte die Betitelung "*Unterhaltsrückstandsforderung Gegenseite für 2016 und 2017*" unzutreffend sein. Erledigt wäre folgende Angelegenheit unter angegebenem Zeichen: "**Überprüfungsverfahren**" in Bezug auf die Verfahrenskostenhilfe 2016.

Ebenfalls erledigt hat sich die „*Antragstellung auf Verfahrenskostenhilfe 2019*". Die Klärung der Angelegenheit "Unterhaltsrückstandsforderung für 2016 und 2017" hingegen steht noch aus.

Mit freundlichen Grüßen

Kindesmutter

[38] 16.05.2020

Printed by Books on Demand GmbH, Norderstedt / Germany